MEMOIRE
en Images

MAGNY-EN-VEXIN ET SON CANTON

MEMOIRE
en Images

MAGNY-EN-VEXIN
ET SON CANTON

Georges Mercier

ALAN
SUTTON

Editions Alan Sutton
27, Quai de la Prévalaye
35000 Rennes

Première édition mai 1995

ISBN 2-910444-33-3

Dépôt légal : mai 1995.
Imprimé en Grande-Bretagne par
Redwood Books Limited, Bath.

Table des matières

Remerciements

Je tiens à remercier ici toutes les personnes qui m'ont aidé matériellement à la réalisation de cet ouvrage, et tout particulièrement mesdemoiselles Denise et Jeanine Lefrançoisfrançois, madame et monsieur André Huppe, messieurs René Egal, Stéphane Régnard et Jacques Sirat, pour le prêt de photographies, cartes postales et documents, ainsi que pour des enquêtes sur place, sans oublier non plus la bibliothèque du Centre de recherches archéologiques du Vexin Français pour la consultation d'ouvrages régionaux.

Introduction

Avant la création des nouveaux départements d'Ile-de-France en 1964, issus, pour la plupart, de l'éclatement de l'ancien département de Seine-et-Oise et de celui de la Seine, le canton de Magny-en-Vexin comptait alors 28 communes. Dépendant maintenant du département du Val-d'Oise, il n'en compte plus que 26 après le rattachement à la commune de Magny-en-Vexin de celle de Blamécourt, en 1964, et de celle d'Arthieul, en 1967.

Situé à l'extrême limite ouest du département, les limites territoriales de ce canton sont restées non seulement les mêmes que celles de l'ancien département de Seine-et-Oise avec celles du département de l'Eure, mais correspondent également, pour la partie ouest et une petite partie du sud, à celles du territoire du Vexin français, c'est-à-dire l'Epte, pour la partie ouest, et la Seine, pour la partie sud.

Comme cela est précisé dans les pages de cet ouvrage consacrées à la ville de Saint-Clair-sur-Epte, les délimitations du Vexin français ont été fixées lors de la signature, en 911, du traité de Saint-Clair entre le roi Charles le Simple et Rollon, chef des Normands, précisant les limites entre la Normandie et l'Ile-de-France, c'est-à-dire la rivière Epte.

Malgré l'importante documentation iconographique de cet ouvrage, il ne nous a pas été possible, malheureusement, d'aborder certains détails ; nous nous sommes donc efforcés de faire une présentation aussi équilibrée et impartiale que possible de toutes les communes, en présentant le maximum de documents en fonction de leur importance, mais également en fonction des documents qui ont pu être réunis sur chacune d'elles, tout en respectant le nombre de pages imposé.

Afin de privilégier cependant certaines communes, monuments ou sites peu connus, nous ne nous sommes pas volontairement étendus sur certains autres signalés et amplement décrits dans divers guides touristiques.

Pour terminer, nous tenons bien à préciser aux lecteurs que, même si nous présentons certains documents dont il semble à première vue que le sujet n'a guère évolué depuis, tous sont des documents anciens, datant généralement d'avant les années 1920.

Extrait d'une carte du diocèse de Beauvais, dressée sur les mémoires de monsieur le Scellier, conseiller du Roy, secrétaire de la Cour, par Guillaume de l'Isle, de l'Académie royale des sciences en juin 1710.

I
Magny-en-Vexin et son Canton

Magny-en-Vexin

En 1896, la commune rassemblait une population de 1989 habitants, passée à 5050 en 1990 (compte tenu du rattachement des communes d'Arthieul et de Blamécourt à celle de Magny-en-Vexin). Placée sur le tracé de la chaussée antique de Paris à Rouen (dite chaussée Jules César), Magny devait être à l'époque gallo-romaine une agglomération assez importante. La découverte et la fouille partielle, en 1967, d'un ensemble de constructions gallo-romaines dans l'actuelle rue Robert Baron puis, d'une très importante villa gallo-romaine en 1992 et 1993, dans le quartier du Champ-des-Cosaques et enfin, en 1993, la découverte de quelques vestiges d'habitats et les traces d'une cadastration romaine (à l'occasion des travaux d'aménagement de la zone d'activités de la Demi-Lune), prouvent une occupation dès cette époque. Cela ne suffit pas pour autant, comme il a été prétendu souvent, à situer la station romaine de Petromantalum comme étant l'actuelle ville de Magny, mais cela n'exclut pas non plus cette possibilité. Cette occupation s'est cependant poursuivie à l'époque mérovingienne, des sépultures ayant été rencontrées à plusieurs reprises au cours de travaux place de la Halle et place Potiquet. Cependant, les découvertes les plus importantes ont été faites en 1972 sur le chantier en construction du C.E.S. Claude Monnet, où le Centre de recherches archéologiques du Vexin Français a pu effectuer le sauvetage de 33 sépultures au riche mobilier ; cela fut réalisé sur l'ensemble d'une très vaste nécropole dont une grande partie s'est trouvée détruite lors des terrassements et dont l'autre se trouve toujours sous les espaces non construits.

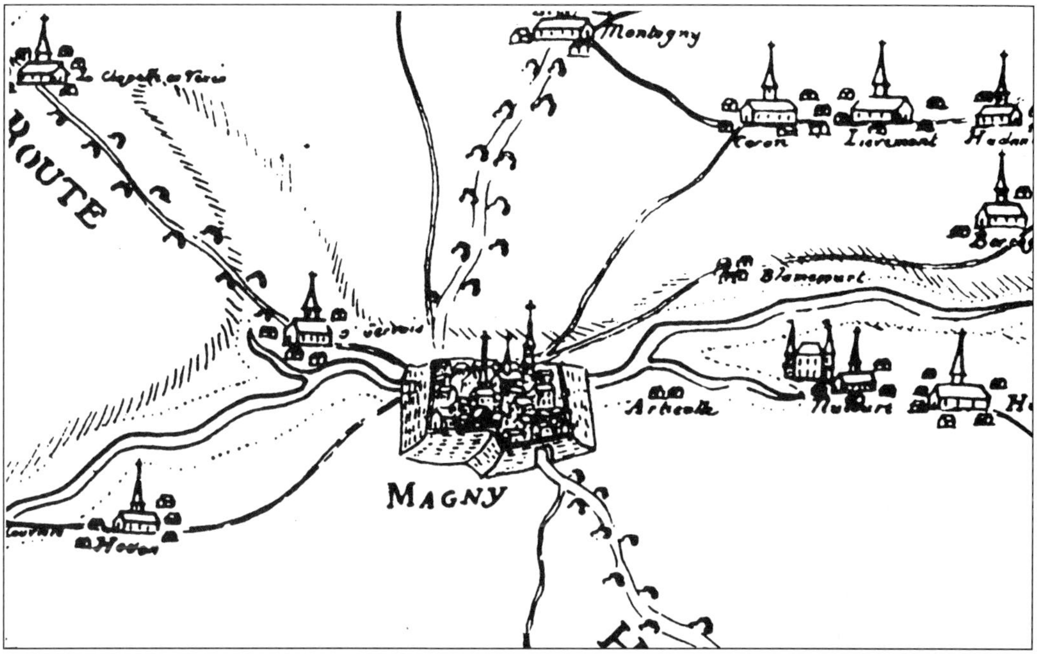

Comme en témoigne cet extrait d'une carte ancienne, au Moyen Age, la ville était entourée de fortifications. Après la destruction de ces murailles en 1768, un boulevard circulaire a été construit à l'emplacement des anciens fossés.

A l'emplacement des deux tours de la ville fortifiée qui gardaient la porte de Paris, ont été élevés, en 1778, deux piliers, couronnés par un chapiteau.

L'église, placée sous le vocable de Notre-Dame, date de différentes époques. Bâtie sur l'emplacement d'une autre église du XIIIe siècle, puis incendiée par les Anglais, en 1432, elle fut reconstruite au XVe siècle. Quelques éléments anciens sont encore conservés. Les oeuvres les plus remarquables de cette église sont le baptistère (1534) et le Mausolée des Villeroy, statues de marbre blanc du début du XVIIe siècle.

L'hôtel-Dieu, maintenant hôpital-hospice, a été construit sur l'emplacement d'un monastère des bénédictines qui a été démoli en 1872. Comme la plupart de ces établissements, durant la Première Guerre mondiale, celui-ci a été transformé en hôpital militaire pour recevoir les nombreux blessés.

Ce bel édifice de style italien, situé au 20, rue de Crosne, a été construit en 1786 par l'architecte Damême. Il abrite maintenant l'hôtel de ville.

L'ancien hôtel de ville fut construit en 1840, à l'entrée de la rue de Rouen. La façade porte les armoiries de la ville.

La rue de la Poste doit son nom, non pas au petit bureau de poste qui y était installé, mais à celui de la poste aux chevaux qui était dans cette rue avant 1775.

La poste actuelle, boulevard des Cordeliers ; à cette époque, il restait encore quelques beaux arbres. Une nouvelle poste doit prochainement s'installer à l'emplacement actuel de la maison d'électroménager Foucault, au 24, rue de Paris.

Une première gare desservait la ligne de l'Etat Paris-Dieppe avec bifurcation de Chars à Magny-en-Vexin la ligne des Chemins de Fer de Grande Banlieue (C.G.B.). Les Mureaux, Meulan et Magny. Cette dernière a cessé toute activité le 1er juillet 1949. Restait seul en service, et pour peu de temps, le transport des marchandises avec 3 locomotives Schneider 101-103-104. La 103 fut vendue à la sucrerie d'Orange où elle resta en service jusqu'en 1963.

CHEMINS DE FER DE GRANDE BANLIEUE

MEULAN A MAGNY

1re cl.	2e cl.	kil.	76. 35					
De Meulan			●MEULAN C.G.B. dép.	8 25	13 25	18 55	●MAGNY (40) ... dép.	6 »	11 »	16 »
» 25	» 20	2	TESSANCOURT (h.).	8 30	13 30	19 »	CHARMONT (halte).	6 11	11 11	16 11
» 40	» 35	5	CONDECOURT (h.).	8 39	13 39	19 9	BANTHELU (halte).	6 20	11 20	16 20
» 50	» 40	6	●SAGY 76	8 45	13 45	19 15	CLERY (halte)......	6 24	11 24	16 24
» 65	» 50	8	LONGUESSE (halte)	8 52	13 52	19 22	WY..................	6 31	11 31	16 31
» 80	» 65	10	VIGNY..............	8 59	13 59	19 29	GADANCOURT (h.).	6 38	11 38	16 38
1 05	» 85	13	THEMERICOURT h.	9 6	14 6	19 36	AVERNES..........	6 45	11 45	16 45
1 20	1 »	15	AVERNES..........	9 13	14 13	19 43	THEMERICOURT (h.)	6 51	11 51	16 51
1 35	1 10	17	GADANCOURT (h.	9 19	14 19	19 49	VIGNY..............	6 59	11 59	16 59
1 45	1 15	18	WY.................	9 27	14 27	19 57	LONGUESSE (halte)	7 5	12 5	17 5
1 60	1 30	20	CLERY halte.......	9 33	14 33	20 3	●SAGY 76..........	7 23	12 13	17 13
1 70	1 35	21	BANTHELU (halte.	9 38	14 38	20 8	CONDECOURT (h.).	7 27	12 17	17 17
1 90	1 55	24	CHARMONT (halte).	9 45	14 45	20 15	TESSANCOURT (h.).	7 36	12 26	17 26
2 25	1 80	28	●MAGNY (40 ... arr.	9 55	14 55	20 25	●MEULAN C.G.B. arr.	7 40	12 30	17 30

Magny n'a jamais été une ville de grandes industries, elle a été et reste encore une ville de commerce et d'artisanat dont la spécialité était, jusqu'à la Deuxième Guerre mondiale, la fabrication de chaises. Actuellement, seule la maison Weiss, une fabrique de meubles qui fait évidemment des chaises, maintient en quelque sorte la tradition ; elle est installée au 38, rue de Rouen.

P. Collet, successeur de la fabrique de chaises Couturier, rue de la Plaine (anciennement chemin de Genainville), est devenu la résidence Marcel Pagnol. L'exposition se tenait boulevard Dailly. En 1928, il y avait encore à Magny deux fabriques de chaises : P. Collet et la veuve Guillemot.

Après plusieurs changements de propriétaires au cours des années, ce magasin du 6, place Potiquet, a été remplacé par une épicerie fine, puis par une jardinerie, toujours en activité.

Quelques factures !

La treille est très imposante, mais elle ne devait pas suffire pour assurer le commerce. La maison Coulette existait toujours en 1928 ; aujourd'hui, le garage de la Poste est installé dans ces locaux.

L'atelier de constructions mécaniques R. Chatelin était installé au 22 de la rue de Crosne. Cette entreprise a cessé son activité après 1918. Aujourd'hui, c'est la Société Sotoma, spécialisée dans la fabrication de monte-charge, qui a pris la place.

L'ancienne maison Garnier-Boighe-Janin, au 8, rue de Paris, est aujourd'hui remplacée par la Maison de la presse.

Aux Nouveautés Parisiennes

NOUVEAUTÉS
CONFECTIONS
LINGERIE
BONNETERIE
TOILES
BLANCS
MERCERIE
MODES

PRIMES

SURPRIMES

Vente de Confiance

Prix réduits et Fixes

ARTICLES DE TRAVAIL POUR HOMMES & JEUNES GENS

Toutes marchandises de choix - Classiques et fantaisies

PARAPLUIES :-: COUTELLERIE :-: OMBRELLES

LUNETTES ET PINCES-NEZ

SPÉCIALITÉ DE RASOIRS DE SURETÉ

REPASSAGE

Réparations
et
Recouvrages
de
PARAPLUIES
et
OMBRELLES

Ancienne Maison FAUCHER

Léon CRESSENT

Successeur

18, Place de la Halle, 18

MAGNY-en-VEXIN

(Seine-et-Oise)

MAROQUINERIE
et
SPÉCIALITÉ
de
PORTE-MONNAIE
sans Couture

GRAND ASSORTIMENT de SACS de DAMES, tous Modèles

Après avoir été tenue durant les dernières années par Auguste Cressant, la Maison Léon Cressant, au 18, place de la Halle, n'existe plus ; La Boutique d'Agathe l'a désormais remplacée.

Durant la Première Guerre mondiale, le café-restaurant Duvivier, situé au 3, rue Nationale, a été transformé en fabrique d'anneaux de grenades. A sa fermeture, le premier étage fut utilisé en salle de cinéma et de fêtes. Aujourd'hui, la maison Rollois Fleurs s'y est installée.

L'Auberge du Cheval Blanc est toujours en activité au 27, rue Carnot (anciennement rue de Vernon). Elle s'est agrandie et il n'y a bien sûr plus d'écuries.

La place Potiquet, qui s'appelait autrefois place du Four Guignon à cause d'un four banal qui s'y trouvait, doit son nom actuel à un bienfaiteur de la ville.

La place d'Armes, ainsi nommée parce qu'elle était le lieu de rassemblement de la Garde nationale, est maintenant aménagée en parking.

Assez insolite ce défilé d'éléphants à hauteur du 53, rue de Crosne, au début du siècle... Il était très probablement dû à la présence d'un cirque dans la ville.

Curieux aussi cet événement du mariage de la Rosière, d'Henriette Berry et de Lucien Guillon à l'église de Magny-en-Vexin, en 1908.

L'ancienne école communale, rue de l'Ecole est, aujourd'hui, remplacée par deux autres écoles primaires, boulevard de la République et boulevard des Ursulines ; en outre, une école privée et un C.E.S. s'y sont établis depuis.

La halle a été construite en 1887 sur l'emplacement de l'ancienne halle qui datait de 1684. Cette halle a été également démolie ces dernières années pour un nouvel aménagement de la place du marché. A l'extrémité, un petit édicule sans aucun style a été élevé, dénaturant quelque peu les anciennes maisons qui ont été très bien restaurées.

Le boulevard des Fêtes, aujourd'hui boulevard Dailly ; le maréchal-ferrant, sur la gauche, est en plein travail. On retrouve encore des traces de son activité par les anneaux scellés dans les murs.

Le boulevard des Chevaliers tout au début du siècle. Ce boulevard, longé par une dérivation de l'Aubette, bordait la propriété des Chevaliers de l'Arquebuse, créés par Henri IV.

Faisons maintenant une traversée de la ville. En venant de Paris nous arrivons à Magny en descendant la côte Saint-Antoine. Aujourd'hui cette ferme n'existe plus, suite à l'aménagement de la déviation de la N 14 vers Rouen.

La rue de Crosne, vers le centre ville, doit son nom à monsieur de Crosne, intendant à la généralité de Rouen.

Passé les Piliers, nous sommes dans la rue de Paris, une rue très commerçante. La charcuterie et le café-tabac, à droite, sont toujours au même emplacement.

A gauche, plus de boulangerie, mais à droite la boutique d'armes et fournitures pour la chasse est toujours là.

A la suite, toujours en direction de Rouen, on aboutit à la rue Nationale. Le nom de cette rue a changé à différentes reprises, au gré des événements politiques ; elle s'est appelée tour à tour rue Royale ou rue Impériale.

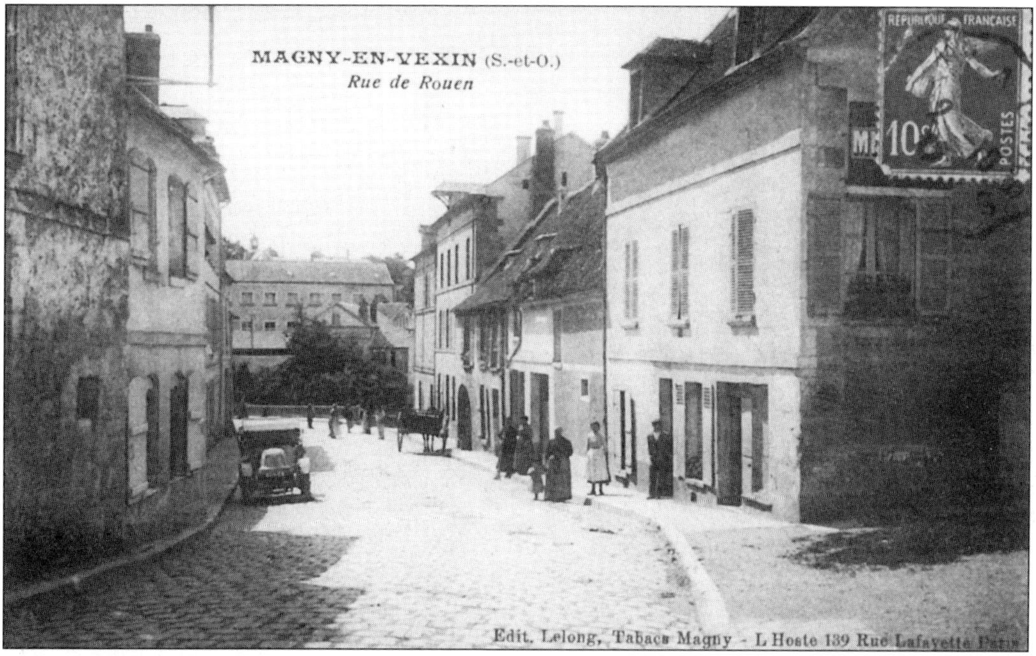

Nous sommes dans la rue de Rouen, à la sortie de la ville, au bout de laquelle se trouvait l'ancienne porte.

Revenons au centre ville où l'on trouve, sur la droite de la place de la Halle, la rue de Beauvais qui va vers l'ancienne gare.

A mi-distance, sur la gauche, prospérait l'auberge du Cheval Noir. Il y a toujours un café-restaurant mais, depuis peu, l'enseigne a disparu.

Nous arrivons à l'ancienne limite de la commune de Magny, près de la gare où, depuis le rattachement de la commune de Blamécourt à celle de Magny, cette route a pris également le nom de rue de Beauvais.

A gauche, le café de la Gare est toujours là, même si la gare ne fonctionne plus. Il est même devenu un café-hôtel-restaurant.

Nouveau retour au centre ville pour trouver, cette fois sur la gauche, la rue Carnot qui mène en direction de Vernon. Il y a toujours les commerces, mais le boucher se trouve maintenant quelques maisons avant.

Ce lavoir est le seul de Magny qui soit encore visible et bien entretenu en bordure de l'Aubette, à l'angle du boulevard des Chevaliers et du boulevard de la Digue.

L'usine Coville, au hameau de Vernouval, est un ancien moulin à blé transformé en usine d'objets en cuir poli. Celle-ci ne fonctionne plus maintenant.

Et, pour terminer cette visite, une vue romantique des bords de l'Aubette, avec, au fond, le château des Bôves qui fut habité par monsieur de Brière, dernier receveur des tailles de la généralité de Rouen.

Aincourt

En 1896, la commune comptait une population de 409 habitants ; au dernier recensement, en 1990, elle était passée à 622. L'église, en grande partie du XVe siècle, est placée sous le vocable de la Translation de saint Martin. Sur la place qui s'est modernisée, on a peu de chances d'y rencontrer aujourd'hui un troupeau de moutons.

De nos jours, la Grande rue est fort heureusement en meilleur état et on y trouve encore quelques commerces en raison du centre médical qui s'est installé dans la commune.

Olivier Chevalier était maréchal-ferrant et charron, mais il fabriquait également des clôtures pour jardins.

Au hameau de Lesville, il n'y a plus de haras, mais il y reste une ferme et quelques résidences y ont été construites.

SOUVENIR
d'AMBLEVILLE
POSTES
PHOT. A.L.. VERNON

Ambleville

En 1896, la population culminait à 409 habitants ; en 1990, plus que 319 habitants y étaient recensés. L'église attenante au château a été reconstruite en 1861 sous le vocable de l'Immaculée Conception. Le château a été construit sous Charles IX, par Jean Grappin, pour la famille de Mornay. Les jardins ont été retracés à l'italienne par l'un des derniers propriétaires.

La mairie est toujours là, mais l'école n'assure plus que le niveau de la maternelle.

La place du village s'est modernisée, mais le Rendez-vous des Chasseurs et la fontaine n'existent plus.

Une bonne ferme d'autrefois avec sa mare, ses canards et ses oies. Quelques lieux-dits ou hameaux dans la commune : Le Mesnil, Le Vaumion, Pont-Rû...

Amenucourt

En 1896, la commune recensait une population de 206 habitants, passée en 1990, à 171. Sur cette commune, les documents photographiques sont malheureusement rares ; nous n'avons à présenter que cette vue générale du hameau de Roconval et celle de l'un des grands moulins à blé dont la force motrice était tirée de l'Epte. L'église, placée sous le vocable de saint Léger, a été très remaniée au XVe siècle et complètement dénaturée par la suite. On peut cependant signaler la présence d'un curieux lavoir, avec treuils permettant de relever le plancher en cas de crue, au hameau de Mauvérand (ce lavoir existe toujours) et, au lieu-dit Saint-Leu (ou Frocourt), la présence dans les bois de ruines d'anciennes habitations.

Arthies

En 1896, 307 habitants peuplaient cette commune ; ils n'étaient plus, en 1990, que 194. Le village fut mentionné pour la première fois aux environs de 690 sur un document dit *Testament de l'inconnu d'Arthies*, conservé aux Archives nationales. L'église, placée sous le vocable de saint Aignan, fut érigée au XIe siècle, mais il ne reste de cette époque que le clocher et la nef.

Le château est un ancien manoir seigneurial dont il reste un pavillon construit dans la première moitié du XVe siècle. L'enceinte du XVe siècle est un échiquier de briques et de pierres.

Le carrefour de l'actuelle N183, qui va de Mantes à Magny, et de la D159 qui rejoint Marines. Le calvaire est toujours au croisement, mais il a perdu son support à la suite d'un accident de la route.

Les carrières de la Feuges étaient des carrières de surface d'où l'on extrayait la pierre meulière.

La modeste ferme du Vexin doit son nom à une tuilerie qui était exploitée à la même époque.

La ferme modèle du domaine de la Feuge était et reste une très grande exploitation agricole dépendant du château.

Comme il est indiqué sur la légende, cette chaumière est l'une des dernières de la fin du siècle dernier.

En 1913, l'armée en manoeuvres traverse la grande rue du village en direction de Mantes.

Arthieul

En 1896, la commune recensait 305 habitants. Le village d'Artheuil est traversé par la chaussée antique dite de Jules César qui reliait Paris à Rouen. Rattaché à la commune de Magny-en-Vexin depuis le 3 novembre 1967, il n'est pas possible d'obtenir le chiffre actuel de la population, mais celle-ci est beaucoup plus importante qu'au début du siècle, du fait de la création récente d'une vaste zone pavillonnaire.

Etant donné, son rattachement à Magny, la commune n'a plus de mairie ; elle a cependant conservé une école, rue des Tourelles.

Banthelu

En 1896, 170 habitants vivaient dans cette commune et en 1990, il en fut recensé 125. L'église, placée sous le vocable de saint Géréon, fut construite au XIe siècle, agrandie aux XIIe et XIIIe siècles et plus ou moins défigurée pendant les siècles suivants par de nombreuses restaurations ; elle fut démolie par un bombardement en août 1944, bombardement qui a fait plusieurs victimes à une sortie de messe. Les ruines de cette église ont été restaurées, elles sont visibles de la route et de l'ancien cimetière. Une nouvelle église a été reconstruite à côté en 1960. Sous le péristyle de celle-ci sont placées des statues anciennes en pierre.

La mairie n'a guère changé depuis l'époque de cette photo, mais il n'y a plus, cependant, d'école attenante.

Aujourd'hui la route de Magny est bien goudronnée, mais depuis longtemps déjà, le café a cessé d'exister.

Propriété de la famille Bouillette, le château Maigret est aussi appelé "Le Petit Château" par opposition à celui du Plessis-Veneur, près de Cléry ; il a longtemps été, avant la Première Guerre mondiale, surnommé la cantine des Belges car, à cette époque, de nombreux ouvriers agricoles belges employés dans les fermes, y étaient logés et nourris. Aujourd'hui, par manque d'entretien, il est presque à l'état de ruine.

Blamécourt

La commune comptait, en 1896, 396 habitants. Ce village est d'origine ancienne puisqu'en 1952 une nécropole mérovingienne importante y fut découverte. Comme celui d'Arthieul, le village de Blamécourt est rattaché à la commune de Magny-en-Vexin depuis le 15 juillet 1964 ; de ce fait, on ne connaît pas la population actuelle.

Blamécourt n'a plus de mairie, mais il a pu conserver son école qui s'est même agrandie, rue Fernand Maignel.

BRAY

Bray-et-Lû

En 1896, la commune recensait une population de 395 habitants ; en 1990, celle-ci était passée à 713. Cette forte augmentation de la population est due à la construction de plusieurs résidences durant ces dernières années. Le nom de Lû fut ajouté, au XVIIIe siècle, par complaisance du curé de Bray envers le seigneur de Lû. Sur cette vue de la commune, prise au début du siècle, on ne voit pas encore les résidences, mais seulement les cheminées de l'usine et l'église actuelle qui fut construite de 1881 à 1887, à l'emplacement d'une ancienne église du XIIe siècle.

Presque tous les enfants du village étaient réunis ce jour-là sur le pont qui séparait auparavant, la commune de Bray et celle de Lû.

Un bureau de poste plus moderne fonctionne toujours de nos jours... place de la Poste.

Le château de Lû a, depuis, été converti en ferme.

Si la scierie de Pont-Rû n'existe plus de nos jours...l'usine de la Vieille Montagne est toujours en pleine activité sous le nom de l'Union Minière de France, dont la spécialité est le façonnage et tréfilage de zinc.

Une vue générale sur l'usine de la Vieille Montagne.

La gare de voyageurs et la ligne de chemin de fer qui desservait l'usine.

En 1896, la commune recensait une population de 314 habitants, passée à 239 en 1990. Du château, démoli en 1842, ne subsistent que les vastes murs du parc et les vestiges des communs, inclus dans les bâtiments de la ferme.

Lieux-dits ou hameaux : Le Buchet et La Norée ; il y avait au hameau Le Buchet, au début du siècle, une importante scierie.

Charmont

En 1896, la commune rassemblait une population de 66 habitants passée à seulement 30 en 1990. La commune de Charmont, la plus petite du canton et du département, a la particularité de n'avoir jamais eu ni église (pas même une chapelle), ni commerce quelconque (pas même un café-épicerie), ni cimetière, les défunts de la commune ayant de tous temps été inhumés au cimetière de Magny-en-Vexin. Pas d'activités industrielles, ni artisanales. Seules deux fermes importantes ont assuré la vie du village.

De CHAUSSY
Je vous envoie
ces Fleurs

Chaussy

En 1896, la commune recensait une population de 682 habitants ; en 1990, celle-ci était descendue à 463. L'église, placée sous le vocable de saint Crépin et saint Crépinien, a été construite au XIIe siècle ; une chapelle et un clocher carré à deux étages lui ont été accolés au XVe siècle.

La place de la mairie, très animée, avec les femmes et les enfants du village en costume d'époque.

Le château Vieux, ancien manoir, conserve des vestiges d'une maison forte du XIIIe siècle et trois bâtiments du XVIe siècle. Au XVIIIe siècle, il a été converti en ferme. Le pavillon de Ninon est relié au château par une arcade.

Le château d'En-Haut fut construit de 1755 à 1759 sur les plans de l'architecte Courtonne.

Au hameau de Haute-Souris subsiste l'ancien manoir de Méré, aujourd'hui converti en ferme, avec une tour de la fin du XVe siècle et les ruines de la chapelle Saint-Laurent du XVe siècle. Le hameau de Haute-Souris n'a guère changé avec ses vieilles demeures.

Quelques autres lieux-dits ou hameaux dans la commune : Boucagny, Le Cul-Froid, Saint-Léger...

En 1896, 224 habitants étaient recensés et seulement 141 en 1990. L'église, placée sous le vocable de saint Denis, est en partie du XIIe siècle. A côté de l'église, se trouvent les bâtiments du prieuré qui dépendait de l'abbaye du Bec-Hellouin (Eure). Ceux-ci sont actuellement convertis en ferme et ne se visitent pas.

Le Rendez-Vous des Chasseurs, maison Pernelle-Prévost, faisait café, épicerie et billard ; bien entendu, il n'existe plus de nos jours.

Les carrières de Chérence ont fourni, en particulier, les pierres qui ont servi à la construction de l'Arc de Triomphe et d'une partie de l'église de la Madeleine, à Paris.

L'entrée de la ferme Guimier au début du siècle (illustration de couverture). Une seconde entrée existait sur le côté gauche. Aujourd'hui, cette exploitation agricole est devenue le prieuré Saint-Benoît à la suite d'une donation de mademoiselle Guimier à l'évêché de Pontoise, dans les années 1970. En entrant, à droite, on tombe sur l'hôtellerie ; plus loin, la chapelle comprenait une autre petite ferme attenante. Sur la photographie, on peut voir, sur la droite, mademoiselle Guimier entre ses parents.

Genainville

En 1896, la commune recensait une population de 360 habitants qui passa à 476 en 1990. L'église est placée sous la vocable de saint Pierre. Le monument, bien que conservant des parties plus anciennes, est du XVe siècle. C'est un édifice à deux nefs qui font suite à un double choeur de la fin du XIIIe siècle. La partie nord de cette église double était réservée à l'usage des habitants, celle du sud à l'usage des moines du prieuré attenant.

Le prieuré, dont les vestiges sont classés monuments historiques, est englobé dans des constructions semi-modernes. Certains sont encore visibles, comme cette vieille porte du XIIe siècle, à l'intérieur de la ferme actuelle.

La mairie fut transférée place de l'Eglise et l'école dans la rue Croix Chevrier.

Au 10, place de l'Eglise, à l'emplacement de ce café, seul un restaurant subsiste aujourd'hui.

L'ancien moulin à blé et à papier a été reconverti, en 1893, par monsieur Sibon, en fabrique de tire-bouchons, de chausse-pieds, limes à ongles, etc. Cette fabrique employait un bon nombre d'ouvriers et d'ouvrières.

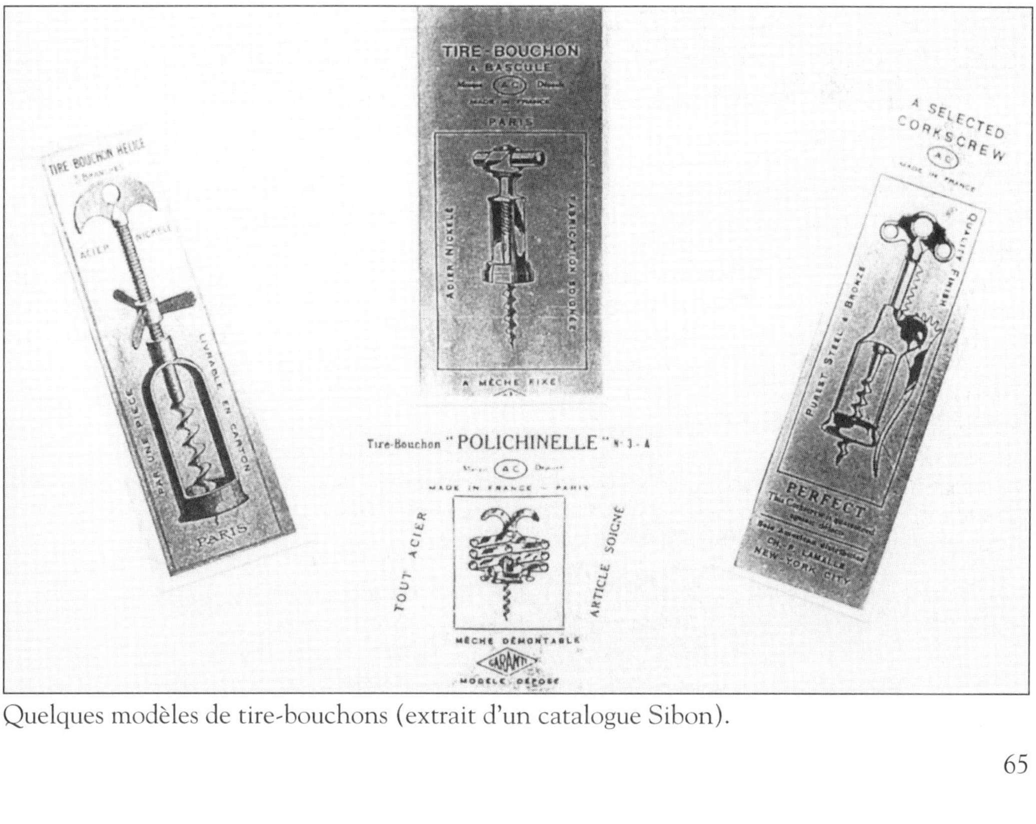

Quelques modèles de tire-bouchons (extrait d'un catalogue Sibon).

A l'extrémité est de la commune se trouve le site gallo-romain des Vaux-de-la-Celle, fouillé de 1960 à 1991 par le C.R.A.V.F.. Celui-ci comprend, en particulier, un temple à deux cellae, un vaste théâtre et plusieurs bâtiments annexes. Cet ensemble est daté de la deuxième moitié du IIe siècle. De nombreux éléments sculptés et le mobilier, recueillis au cours des fouilles, sont présentés dans deux salles du musée archéologique départemental du Val-d'Oise, à Guiry-en-Vexin. Sans savoir exactement à quoi ils correspondaient, ces vestiges étaient connus de longue date ; on pouvait en voir encore quelques éléments en 1831, grâce à l'artiste, Léon Pic de Replonge, (qui a laissé par ailleurs bon nombre de dessins sur les environs de Magny), qui exécuta à cette date un dessin au fusain des ruines du château Bicêtre à Genainville, ce lieu-dit figurant bien aux cadastres à cet emplacement. Ces vestiges, que l'on ne peut malheureusement attribuer avec certitude à l'un ou à l'autre des deux principaux monuments, ont, au cours du XIXe et au début du XXe siècle, subi les ravages des récupérateurs de matériaux et ce qu'il en restait s'est trouvé avec le temps recouvert par la nature et le tout est tombé dans l'oubli, sauf pour quelques anciens qui se souvenaient que, dans leur jeunesse... A noter quelques autres lieux-dits ou hameaux : La Bretèche et La Moinerie.

Haute-Isle

En 1896, cette commune rassemblait une population de 139 habitants ; en 1990, elle en compte 245. Ce village, bâti au pied d'une falaise calcaire, domine la Seine. Des boves, creusées dans cette falaise, ont été habitées depuis la plus haute antiquité jusqu'à la fin du XIXe siècle.

L'église, placée sous le vocable de l'Annonciation, est entièrement creusée dans le calcaire de la falaise. Elle a été fondée en 1670.

Une vue intérieure de l'église troglodyte d'Haute-Isle.

Au début du siècle, le propriétaire de plusieurs habitations troglodytes, le docteur Gaudichart, les restaure et les meuble ; il en habita même plusieurs années. Il fit aussi construire une maison dans un style de l'art mérovingien !

Outre l'habitat, d'autres propriétaires aux activités diverses ont su tirer parti de ces massifs calcaires pour y installer, à bon marché, des installations agricoles...

Ici, par exemple, c'est une petite industrie d'exploitation pour la fabrication de la chaux qui a pris place dans les lieux.

En bordure de Seine, Chantemesle, hameau de Haute-Isle, était, avec ses cafés, le rendez-vous des touristes, mais également des pêcheurs et des charretiers.

Hodent

En 1896, la commune compte une population de 192 habitants, passée à 180 en 1990. La chapelle, dédiée à sainte Marguerite, dépendait du prieuré voisin. De l'ancien prieuré, aujourd'hui transformé en ferme, il ne reste qu'un porche qui donne sur la rue et, dans le bâtiment de gauche, des fenêtres à menaux du XVe siècle.

A l'écart, au pont d'Hennecourt, une filature s'était installée ; elle fonctionna jusqu'en 1868. Il n'en subsiste aujourd'hui que la maison de maître.

Ce beau lavoir existe toujours, mais il est maintenant muré ; il est, en effet, situé sur un bras de l'Aubette, aujourd'hui asséché.

Ce café-restaurant a, depuis longtemps, disparu du bord de la route.

Souvenir
de la
CHAPELLE
en-VEXIN
PHOT. A.L. VERNON

La Chapelle-en-Vexin

En 1896, la commune recensait une population de 135 habitants, passée à 344 en 1990. Cette augmentation du nombre d'habitants est due à la construction locale d'un lotissement. L'église actuelle, dédiée à saint Nicolas, date en partie du XIIe siècle.

Le Prieuré, dont la construction débuta au XIIe siècle, est actuellement converti en ferme et ce qu'il en reste est complètement défiguré.

Ce village construit sur le tracé de la chaussée Jules César de Paris à Rouen, actuellement N 14, a de ce fait, depuis l'antiquité jusqu'à des temps récents, toujours été un relais de poste, avec ses chevaux, ses auberges et son maréchal-ferrant. Ce dernier est, aujourd'hui, remplacé par une station-service.

La Roche-Guyon
Edition Sestier

La Roche-Guyon

En 1896, la commune rassemblait une population de 571 habitants ; en 1990, elle est de 559 habitants. Le paysage n'a guère changé ; on peut toujours voir le donjon féodal, aucun immeuble n'en cache la vue.

L'église, placée sous le vocable de saint Samson, se trouvait primitivement dans l'enceinte du château. Démolie, puis reconstruite à l'emplacement actuel, elle ne fut terminée qu'au XVe siècle.

Construit au sommet de la falaise pour contrôler la frontière normande et la vallée de la Seine, l'ancien château, dont il ne reste que le donjon, datait de la fin du XIIe siècle. Au pied de la falaise, le château actuel, dont la construction s'échelonne du XVIe au XVIIIe siècles, englobe le manoir médiéval du XIIe siècle ainsi qu'une chapelle creusée dans la roche où saint Nicaise, dit-on, célébrait la messe. Cette propriété est restée jusqu'à nos jours dans la famille de la Rochefoucauld (sauf de 1816 à 1829). Malheureusement, à la suite d'une succession difficile, en 1988, toutes les collections, une bibliothèque de 35 000 ouvrages, ainsi que le mobilier durent être dispersés dans des ventes aux enchères. Afin de sauver le monument et pouvoir permettre au public sa visite, les actuels propriétaires, le duc et la duchesse Alfred de la Rochefoucauld, ont décidé de le confier à une association de sauvegarde présidée par le préfet, le Conseil général prenant à sa charge son ouverture, son entretien et son animation. Diverses expositions y sont régulièrement présentées et des visites guidées y sont organisées toute l'année. Pour la petite histoire, il semble intéressant de signaler que c'est dans ce château que Louvois signa, en 1685, la révocation de l'Edit de Nantes ; c'est là aussi que, lors du débarquement des troupes alliées en Normandie en 1944, le maréchal Rommel installa son P.C. pour être plus près des combats.

Il ne reste plus rien de ce somptueux mobilier, tout a été vendu.

Deux, des quatre grandes tapisseries des Gobelins, ne sont plus là non plus...

De son immense bibliothèque, il ne reste que les rayonnages...les ouvrages ont disparu.

Dans les splendides cuisines, situées dans les salles basses du château, il n'y a plus rien.

La fontaine a été construite en 1712 par l'architecte Louis Villars. La source qui l'alimente vient de Chérence par un aqueduc de 3 kilomètres de long.

L'ancienne halle date de 1840. Actuellement, ces bâtiments sont occupés par l'hôtel de ville.

La route de Gasny s'est bien améliorée, elle n'est toujours pas bien large mais très pentue.

La circulation est plus intense maintenant sur cette route et le stationnement de cette voiture à contresens serait bien mal venu.

Une des vieilles maisons de style normand, datant des XVIe et XVIIe siècles.

Comme dans bien des communes du canton, le centre de la vieille ville n'a guère changé, sauf la qualité des routes et trottoirs.

Dans les parties hautes de la ville ont été aménagées, depuis le Moyen Age, de nombreuses habitations troglodytes creusées dans la roche crayeuse. Elles ont été habitées jusqu'au milieu du XXe siècle. Certaines sont même encore utilisées de nos jours bien que dépourvues de confort, mais elles servent le plus souvent de débarras ou d'entrepôts.

La fondation Fortin était une institution privée et religieuse.

L'hôpital, fondé par la famille de la Rochefoucauld, existe toujours, mais il s'est modernisé.

Avant la Deuxième Guerre mondiale, date de la construction du pont en ciment armé, ce pont suspendu était le seul permettant d'accéder à l'autre rive.

Le paysage s'est quelque peu modifié, mais on peut toujours se promener sur les bords de la Seine.

La Roche-Guyon, comme toutes les communes en bordure du fleuve, n'a pas échappé aux terribles inondations de 1910, comme en témoigne cette carte postale.

Dans la plaine, hier comme aujourd'hui, les cultures de légumes et les prairies abondent ; cependant, on ne cultive plus la vigne sur les terrains des côtes.

Maudétour-en-Vexin

En 1896, cette commune recensait une population de 173 habitants, passée à 183 en 1990. La première église, placée sous le vocable de Notre-Dame, a été construite au XIIIe siècle, à l'emplacement de l'actuel cimetière. Celle-ci fut totalement rasée en 1835. L'église actuelle date de 1839. Le château fut bâti au XVIIIe siècle, à l'emplacement d'un ancien manoir. L'aile gauche ne fut jamais construite. Il est actuellement le siège du Centre national de psychographologie.

Sur ce chemin du Tertre, actuellement route du Tertre, se trouve une ancienne motte féodale assez importante.

Cette ferme, très typique, existe toujours au centre du village.

Plus loin, près de la commune de Charmont, cette grande ferme est toujours en activité. C'est une des plus grandes exploitations de la région.

Montreuil-sur-Epte

En 1896, la commune comptait 289 habitants ; en 1990, elle en recensait 299. L'église , placée sous le vocable de saint Denis, est mentionnée dès le début du XIe siècle. La partie la plus ancienne de l'édifice actuel est datée du XIIIe siècle. Il y a toujours à Montreuil la mairie ainsi qu'une seule école maternelle située au 27, rue Saint-Denis.

Les trottoirs et l'éclairage public sont à peu près les seuls changements qui ont affecté les rues de ce village depuis que cette photographie fut prise.

Il y a bien sûr quelques changements dans le type des voitures qui ne sont pas encore trop nombreuses à circuler à cette époque.

Chose assez surprenante, ce lavoir subsiste toujours au milieu du village ainsi que le café. Quelques lieux-dits ou hameaux : Ansicourt, Copières, avec son château et son allée couverte néolithique.

Omerville

En 1896, la commune recensait une population de 328 habitants, passée à 280 en 1990. L'église, dont l'origine remonte au XIe siècle, est dédiée à saint Martin. La nef en fut remaniée au XVIe siècle.

Le château, construit à la fin du XVe siècle, est un manoir où séjourna quelques temps Ninon de Lenclos.

Une croix pattée dite La Croix Fromage, placée sur une colonne monolithe, se dresse sur la place de ce village.

A Omerville, comme dans la majorité de nos villages, si les rues sont beaucoup mieux entretenues, il ne subsiste rien ou très peu des modestes commerces.

Une vue de la cour de la Grande Ferme à l'époque où les "chevaux vapeur" n'étaient pas encore utilisés dans l'agriculture.

Amiel est un ancien moulin reconverti, au début du XXe siècle, en fabrique de tire-bouchons et autres ustensiles en acier. Quelques autres lieux-dits ou hameaux : Les Louvières, Le Mesnil, Gerville...

Souvenir
de
St CLAIR
sur-Epte
PHOT. A. LAVERGNE VERNON

En 1896, la commune recensait une population de 548 habitants, passée à 782 habitants en 1990. La petite ville de Saint-Clair est située sur la rive gauche de l'Epte, à l'endroit où se trouvait le gué de la chaussée antique dite de Jules César qui reliait Paris à Rouen. Elle marque aussi la délimitation entre l'Ile-de-France et la Normandie. L'église actuelle, qui est placée sous le vocable de Notre-Dame, est, pour la partie du choeur, du XIe siècle. Le bas-côté sud date du XVe siècle. A la suite de travaux de restauration dans le choeur, des fouilles furent entreprises par le C.R.A.V.F. en décembre 1958 et janvier 1959. Celles-ci permirent de mettre au jour les substructions d'un édifice qui auraient été celles appartenant à deux églises antérieures, dont une datant très certainement du IXe siècle, et non pas, comme le voulait une tradition locale, celles d'un temple gallo-romain consacré à Vulcain. Ce serait donc, vraisemblablement, dans cette église qu'aurait été signé, en 911, le fameux traité, qu'en 918, le roi Charles le Simple maria sa fille Gisèle à Rollon, chef des Normands, et qu'en 946, Richard sans Peur fut reconnu duc de Normandie par le roi Louis IV.

Du château, sur les bords de l'Epte, il ne reste que les ruines de l'entrée et celles du donjon (XIe siècle). Ce sont les derniers vestiges d'une forteresse défendant l'Ile-de-France contre les Anglais.

Dans les prés, au bord de l'Epte, à l'emplacement où vécut et fut martyrisé saint Clair, on trouve une chapelle de fondation ancienne et une fontaine, soit disant réputée pour le traitement des maux d'yeux, ainsi que l'Ermitage dont l'origine remonte au IXe siècle.

La place de l'Eglise, qui est appelée également place Rollon, a, lors d'un réaménagement au siècle dernier, livré la découverte de nombreuses sépultures d'époque mérovingienne.

Au début de ce siècle, les chevaux, les hommes, les femmes et les enfants circulent tranquillement au milieu de la rue.

La Grande rue (N 14) est à présent la rue Rouget-de-l'Isle ; de nos jours, personne n'ose plus y circuler à pied en raison des poids lourds qui, par centaines, traversent la ville le jour comme la nuit.

Au 47, rue Rouget-de-l'Isle, le bureau de Poste a été modernisé.

Un des lavoirs sur les bords de l'Epte.

L'usine électrique et celle à papier étaient les seules industries de la commune. Aujourd'hui, les activités sont concentrées de l'autre côté de l'Epte, dans le département de l'Eure.

Le propriétaire a changé, bien sûr, ainsi que la devanture. Il n'y a plus de bal, bien évidemment, mais le café existe toujours.

Les bâtiments du prieuré, attenants à l'église, ont subi de nombreux remaniements au cours des siècles ; ils ont, cependant, conservé un certain caractère. Ce prieuré qui, au XIe siècle, dépendait de l'abbaye de Saint-Denis fut vendu comme Bien national en 1793 et converti en ferme.

Le château du Héloy a été construit au début du XIXe siècle et, à l'intérieur d'une grande ferme, on trouve une chapelle construite au début du XVIIIe siècle.

Le moulin du Fayel faisait partie du fief de la famille Le Mercier, au XVe siècle. Ce moulin broyait du corozo (graines d'un arbre de l'Amérique tropicale), dont la poudre était utilisée pour saupoudrer les pâtes à pain avant de les enfourner. Au lieu-dit Beaujardin, d'importantes ruines gallo-romaines furent découvertes et fouillées au début du siècle par Paul Destouches.

Saint-Cyr-en-Arthies

En 1896, cette commune recensait une population de 175 habitants passée à 262 en 1990. L'église, qui est placée sous le vocable de saint Cyr et de sainte Juliette, est un édifice sans grand caractère, très restauré et rebâti pour une bonne partie en 1747. Seul le chevet conserve encore le style du XVe siècle.

SAINT-CYR-EN-ARTHIES. - L'Eglise - Intérieur

Le village est traversé par la chaussée antique, dite chaussée Brunehaut, qui reliait Beauvais à Mantes.

SAINT-CYR-en-ARTHIES. - L'Eglise - L'Abside

...an, Mantes - Collection Burias, St-Cyr

Le château actuel fut construit au XVIIIe siècle, mais la famille d'imprimeurs Firmin-Didot, le fit reconstruire en grande partie au milieu du XIXe siècle.

Ces carrières de pierre calcaire ont été exploitées jusqu'à la fin du siècle dernier. Sur cette carte, on voit qu'elles sont utilisées comme étable et poulailler. Un certain nombre de ces anciennes carrières ont cependant été reconverties en champignonnières.

Saint-Gervais

En 1896, cette commune comptait 650 habitants ; en 1990, elle en recensait 703. L'église, qui est placée sous le vocable de saint Gervais et saint Protais, est en partie des XIIe et XIIIe siècles et le clocher du XIIe siècle. Le porche a été commencé par Robert Grappin et terminé par son fils Jean en 1550. Cette église a succédé à une chapelle attestée en 841.

Le village de Saint-Gervais est intégralement traversé par l'ancienne voie romaine, chaussée Jules César, qui reliait Paris à Rouen. Aujourd'hui, elle est devenue la rue de Rouen ou Grande rue.

Environs de **Magny-en-Vexin** — Une rue de **Saint-Gervais**

La villa Jeanne d'Arc était une maison de repos privée pour les femmes assez fortunées sans doute.

St-GERVAIS (S.-et-O.)
" Villa Jeanne-d'Arc " - La Salle à manger

Le château de Magnitot a été construit en 1780 à la place d'un ancien manoir.

Archemont est un hameau important rattaché à la commune de Saint-Gervais.

Cet étang appartient à la propriété du château.

Au hameau d'Estreez, on pratiquait surtout l'élevage de bovins. Aujourd'hui, peu de fermes restent en activité et certaines ont été reconverties en magasins d'antiquités-brocante.
Autres lieux-dits ou hameaux : Le Petit-Saint-Gervais, Ducourt, Gerville...

VÉTHEUIL

Vétheuil

En 1896, la commune recensait 631 habitants ; en 1990, il n'en restait que 262. L'église est placée sous le vocable de Notre-Dame de la Nativité. Ses parties les plus anciennes remontent au XIIe siècle. Le choeur est de la fin du XIIe siècle et le clocher du XIIIe siècle. Les autres parties sont du XVIe siècle.

Gros bourg très commerçant et artisanal au début de ce siècle , il a, comme beaucoup d'autres, perdu aujourd'hui une grande partie de ses activités au profit des villes voisines.

Vétheuil vu par ses deux extrémités.

Le transport par autobus entre Vétheuil et Mantes était subventionné par le département et les communes concessionnaires du service assuré par la Compagnie générale des transports en commun.

Les collines calcaires qui dominent la Seine jusqu'à Bennecourt ont été exploitées durant fort longtemps en plâtrières. De nos jours, ces petites industries ont cessé toute activité.

Les cultivateurs ou éleveurs, assez nombreux, qui possédaient des terres très fertiles sur l'autre rive de la Seine étaient dans l'obligation d'utiliser ce bac, les ponts plus proches se trouvant à plus de 10 kilomètres, soit à Mantes, soit à la Roche-Guyon.

Pour le transport individuel d'une berge à l'autre, on utilisait plus généralement les barques.

Vienne-en-Arthies

En 1896, la commune recensait une population de 283 habitants passée à 326 en 1990. Bien qu'ayant été et étant toujours une commune, celle-ci n'a jamais été une paroisse ; elle dépend de celle de Vétheuil. La chapelle, placée sous le vocable de la Vierge et de saint Joseph, fut construite en 1748. Vendue comme bien national à la Révolution, elle fut transformée en grange. Après avoir été restaurée, elle fut rendue au culte en 1866.

Le hameau des Millonnets avait, à une époque, son débit de tabac !

Villers-en-Arthies

En 1896, la commune rassemblait une population de 200 habitants, passée à 262 en 1990. L'église est placée sous le vocable de saint Martin. Dans son état actuel, elle conserve surtout la marque du XVIe siècle bien que construite au XIe.

Depuis que cette photographie a été prise, le paysage n'a guère changé à l'exception des tas de cailloux en bordure de la route qui est maintenant goudronnée.

Elèves et instituteurs ont été nombreux à passer dans ces murs, mais l'école et la mairie n'ont pas changé, situées route de Vétheuil.

L'orphelinat qui avait été installé par les soeurs de Saint-Vincent-de-Paul n'existe plus de nos jours.

Le château, qui s'élève au point culminant de la commune, a été construit au XVIIe siècle. Il se compose d'un corps principal avec une aile au toit élevé de chaque côté ; celle de gauche est construite sur les bases du château primitif.

Une belle villa au hameau du Petit Saint-Léger. Autres lieux-dits ou hameaux : le Tremblay , les Claviers, Chaudray...

Wy-dit-Joli-Village

En 1896, la commune recensait une population de 280 habitants passée à 262 en 1990. Ce village doit son nom à un ancien vicus gallo-romain, étant situé sur une voie romaine secondaire qui passait ensuite par Genainville. De nombreuses antiquités ont, de tout temps, été découvertes sur le territoire de la commune, ainsi que plusieurs habitats et installations publiques gallo-romaines ; le balnéaire en est un exemple, restauré, il est visitable en même temps que le musée de l'Outil qui y a été installé. La légende prétend que le suffixe dit-Joli-Village ajouté au nom primitif de Wy, serait dû à Henri IV qui, s'étant égaré au retour d'une campagne, aurait demandé à un paysan ou il se trouvait, celui-ci lui aurait répondu : "à Wy". Vu l'état déplorable de la route, le carrosse s'y serait enlisé et le roi aurait dit : "Ah ! le joli village !" ceci au sens péjoratif bien entendu et non au sens qu'on lui attribue de nos jours. L'église, placée sous le vocable de saint Romain, est dans ses parties les plus anciennes des XIIe et XIIIe siècles. Le choeur a été remanié au XVIe siècle. Dans le mur nord subsistent des éléments du XIe siècle.

Le bâtiment, qui n'a pas subi de transformation, est toujours utilisé comme mairie, mais les écoles ont été transférées dans de nouveaux locaux.

Comme en bien des endroits du Vexin où le calcaire (de plus ou moins bonne qualité) abonde, de nombreuses carrières, comme celle de Joli-Village, ont été exploitées pour la plupart jusqu'au tout début de ce siècle. Celle-ci semble n'avoir été exploitée que pour des besoins locaux.

La gare des Chemins de fer de grande banlieue, de la ligne Meulan - Magny-en-Vexin, était desservie par trois trains par jour sur chaque sens. Désaffectée après la dernière guerre, celle-ci est aujourd'hui transformée en un beau pavillon.

L'abondante source, dite de Saint-Romain, qui jaillit sous un abri-lavoir, donne lieu chaque année à un pèlerinage le dimanche le plus proche de la fête du saint qui est le 23 octobre. Cette eau avait, soit disant, la faculté d'être un remède contre les rhumes.

La coutume du pétillon, pratiquement abandonnée depuis la dernière guerre, fut perpétuée, ou plus exactement réactualisée, dans quelques villages du Vexin. Le pétillon (on disait aussi les bouchons) était accroché à la devanture ou au pignon des cafés. Celui-ci était composé de branches de résineux plus ou moins décorées de rubans et de guirlandes. Cette tradition ou coutume était pratiquée depuis fort longtemps dans diverses provinces, mais plus particulièrement dans le Vexin et le Pays de France. Elle consistait en une grande fête qui avait lieu chaque année, généralement le jour de la fête patronale, avec le concours de la fanfare locale ou celle d'une commune voisine ; les jeunes gens, et tout particulièrement les conscrits, faisaient la tournée des cafés, y brûlant l'ancien pétillon tout en buvant un coup offert par le patron ou la patronne de l'établissement. Après quoi ils accrochaient le nouveau pétillon fabriqué la veille. Dans le Vexin, ce pétillon était généralement composé de branches de genévrier (abondant) plutôt que de pin (plus rare). Sur cette carte postale (ainsi que sur d'autres de cet ouvrage), on voit très bien le pétillon placé au pignon du café. Aujourd'hui, avec la disparition des cafés de nos villages, le pétillon est accroché, soit à la mairie, soit au portail d'une ferme.

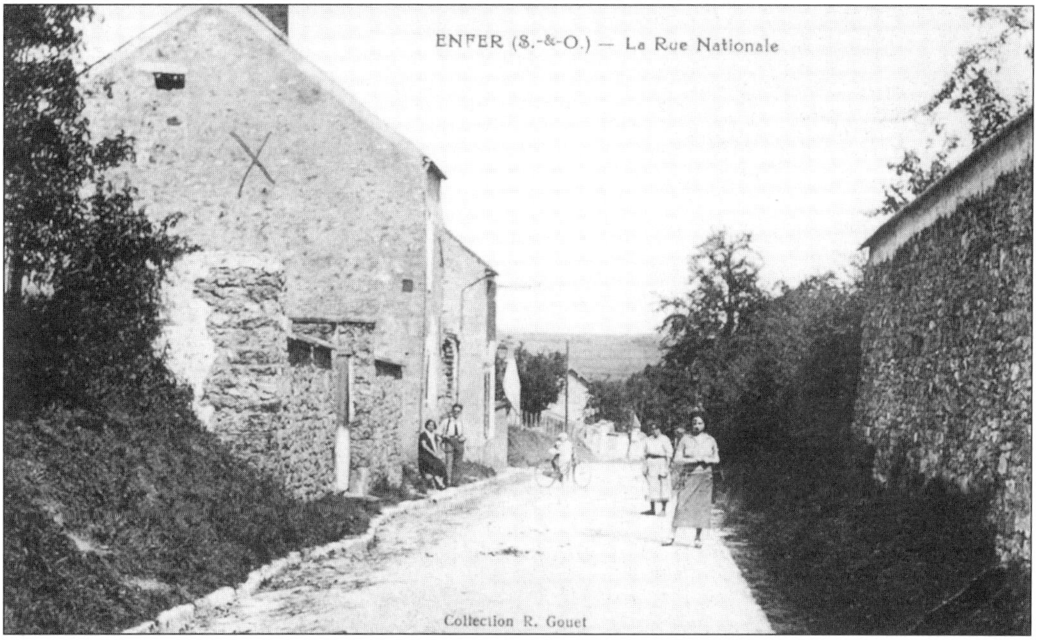

Bien qu'ayant une certaine importance et qu'il soit attesté depuis le Moyen Age, le hameau d'Enfer, qui fait partie de la commune de Wy, n'a ni église, ni même une chapelle.

Cette route n'a guère changé, mais le café-épicerie (où est suspendu un pétillon) a disparu depuis longtemps pour faire place à un logement.

Hormis les soldats tombés au combat et dont les noms figurent sur le monument aux morts en face de l'église de Wy, seule cette carte laisse un vague souvenir de la Première Guerre mondiale dans ce village.

Le château d'Hazeville a été construit en 1560. Bien qu'ayant été remanié au XIXe siècle, c'est malgré tout une belle construction, mais du manoir primitif, il ne reste guère que les caves. Une légende rapporte que Calvin se réfugia, entre 1532 et 1533, au château d'Hazeville, mais, d'après ses déplacements qui sont connus, il semble probable qu'il ne soit jamais venu dans le Vexin.

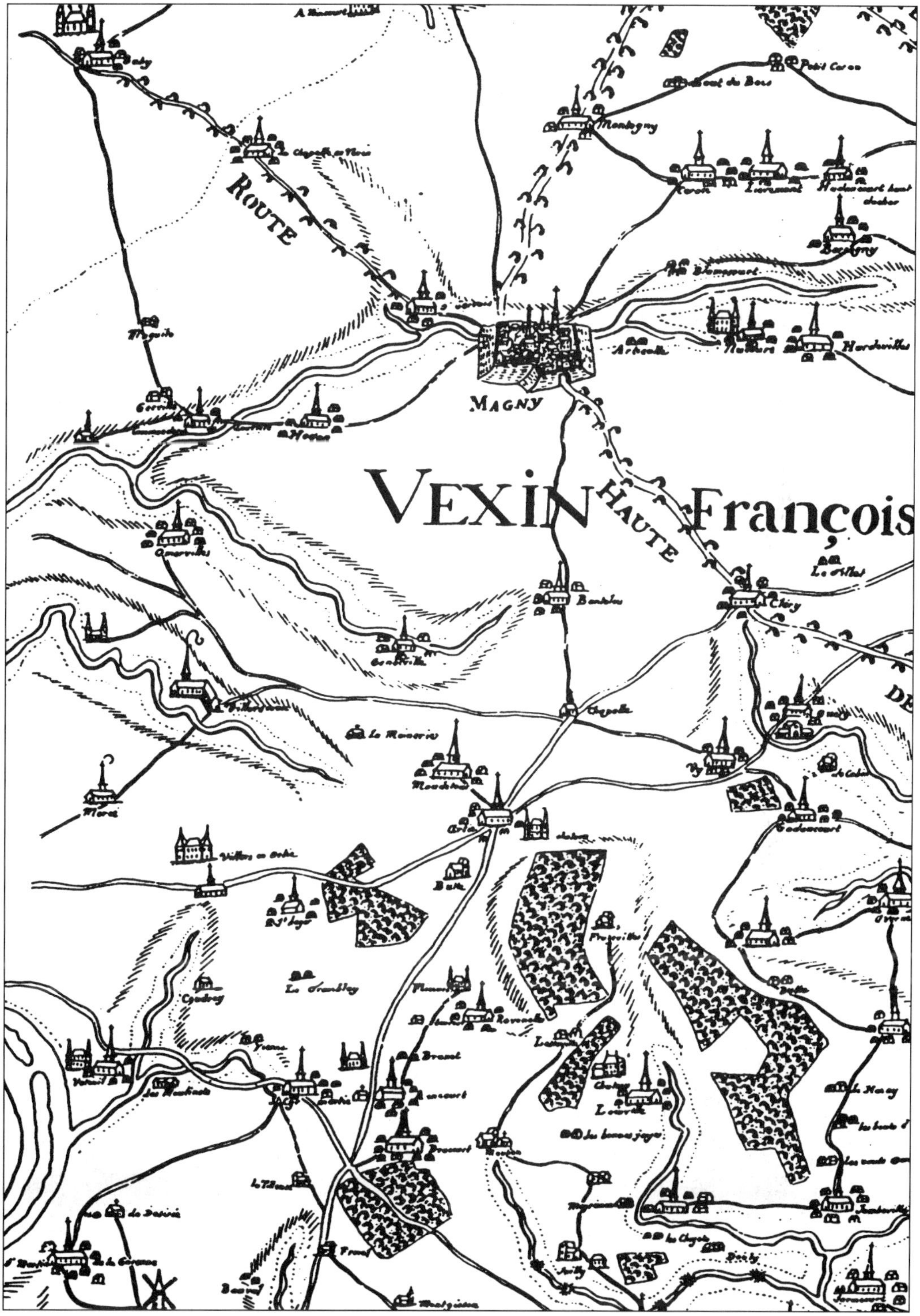

Extrait d'une carte de la fin du XVIIe siècle.

Bibliographie

Notice sur le canton de Magny-en-Vexin, Feuilloley, Librairie Bourgeois, Magny, 1884.

Histoire générale des communes de France : Le canton de Magny-en-Vexin (arrondissement de Mantes/Seine-et-Oise), Louis Guibert, Ed. Jouve et Cie, Paris, 1910.

La voie romaine Beauvais-Chartres et la localisation de Petromantalum, Bulletin archéologique du Vexin français (n° 20), Bernard Hofmann, Guiry-en-Vexin, 1980.

Villages du Vexin : Genainville - Mémoires de la société historique et archéologique de Pontoise, du Val d'Oise et du Vexin, Tome LXXVI, Roland Vasseur et Françoise Waro, Pontoise, 1992.

Le pétillon en Vexin français, Vivre en Val d'Oise (n°8), Roland Vasseur et Françoise Waro, Ed. du Valhermeill, Saint-Ouen-l'Aumône, 1991.

Annuaires du département de Seine-et-Oise : Administratif, Industriel et Agricole (années 1900 et 1928), Société régionale d'Imprimerie et de Publicité, Versailles.

Fouilles dans le choeur de l'église de Saint-Clair-sur-Epte (12-1958/1-1959), Bulletin archéologique du Vexin français (n°1), Guiry-en-Vexin, 1965.

Guide du Vexin français : Les Amis du Vexin Français, Ed. du Valhermeill, Saint-Ouen-l'Aumône, 1993.

Magny-en-Vexin, Guide officiel illustré du Syndicat d'Initiative de Magny-en-Vexin, 1933.

Saint-Clair-sur-Epte - le Traité - Le Saint - les richesses artistiques, Ed. l'Abbé Joseph Lautram, curé de la paroisse, 1956.